RUDOLF STEINER

DER OSTERGEDANKE

DIE HIMMELFAHRTSOFFENBARUNG UND DAS PFINGSTGEHEIMNIS

RUDOLF STEINER

Der Ostergedanke

Die Himmelfahrtsoffenbarung und das Pfingstgeheimnis

Zwei Vorträge
gehalten in Dornach am 27. März 1921
und am 7. Mai 1923

1990
RUDOLF STEINER VERLAG
DORNACH/SCHWEIZ

Nach vom Vortragenden nicht durchgesehenen Nachschriften
herausgegeben von der Rudolf Steiner-Nachlaßverwaltung

Die Herausgabe besorgten Ernst Weidmann und Wolfram Groddeck

EINZELAUSGABE

1. Auflage Dornach 1930
2. Auflage (Manuldruck) Dornach 1938
3. Auflage Dornach 1958
4. Auflage Dornach 1970
5. Auflage Dornach 1981
6. Auflage Dornach 1990

Sonderdruck aus Bibliographie-Nrn. 203 und 224
Titel der Bände siehe zu Beginn der Hinweise

Zeichen auf dem Umschlag von Rudolf Steiner
Schrift von Benedikt Marzahn

Printed in Germany by Greiserdruck, Rastatt
ISBN 3-7274-5098-3

Zu den Veröffentlichungen aus dem Vortragswerk von Rudolf Steiner

Die Grundlage der anthroposophisch orientierten Geisteswissenschaft bilden die von Rudolf Steiner (1861–1925) geschriebenen und veröffentlichten Werke. Daneben hielt er in den Jahren 1900 bis 1924 zahlreiche Vorträge und Kurse, sowohl öffentlich wie auch für die Mitglieder der Theosophischen, später Anthroposophischen Gesellschaft. Er selbst wollte ursprünglich, daß seine durchwegs frei gehaltenen Vorträge nicht schriftlich festgehalten würden, da sie als «mündliche, nicht zum Druck bestimmte Mitteilungen» gedacht waren. Nachdem aber zunehmend unvollständige und fehlerhafte Hörernachschriften angefertigt und verbreitet wurden, sah er sich veranlaßt, das Nachschreiben zu regeln. Mit dieser Aufgabe betraute er Marie Steiner-von Sivers. Ihr oblag die Bestimmung der Stenographierenden, die Verwaltung der Nachschriften und die für die Herausgabe notwendige Durchsicht der Texte. Da Rudolf Steiner aus Zeitmangel nur in ganz wenigen Fällen die Nachschriften selbst korrigieren konnte, muß gegenüber allen Vortragsveröffentlichungen sein Vorbehalt berücksichtigt werden: «Es wird eben nur hingenommen werden müssen, daß in den von mir nicht nachgesehenen Vorlagen sich Fehlerhaftes findet.»

Über das Verhältnis der Mitgliedervorträge, welche zunächst nur als interne Manuskriptdrucke zugänglich waren, zu seinen öffentlichen Schriften äußert sich Rudolf Steiner in seiner Selbstbiographie «Mein Lebensgang» (35. Kapitel). Der entsprechende Wortlaut ist am Schluß dieser Ausgabe wiedergegeben. Das dort Gesagte gilt gleichermaßen auch für die Kurse zu einzelnen Fachgebieten, welche sich an einen begrenzten, mit den Grundlagen der Geisteswissenschaft vertrauten Teilnehmerkreis richteten.

Nach dem Tode von Marie Steiner (1867–1948) wurde gemäß ihren Richtlinien mit der Herausgabe einer Rudolf Steiner-Gesamtausgabe begonnen. Die vorliegende Einzelausgabe ist den auf Seite 36 genannten Bänden der Gesamtausgabe entnommen.

INHALT

DER OSTERGEDANKE

Dornach, Ostersonntag, 27. März 1921

Es ist ein bedeutsamer Gegensatz vorhanden zwischen dem Weihnachtsgedanken und dem Ostergedanken, und wer die beiden Gedanken, von denen in unserem Zusammenhange oftmals gesprochen worden ist, einander gegenüberzustellen vermag, sie in entsprechender Weise zu verbinden imstande ist und daraus dann innerlich lebendigmachen kann ihr Zusammenwirken – das Zusammenwirken des Weihnachtsgedankens und des Ostergedankens –, der wird hingewiesen auf innerliches Erleben, das in gewissem Sinne die Menschheitsrätsel in umfassender Weise umschreibt.

Der Weihnachtsgedanke weist uns ja hin auf die Geburt. Wir wissen, wie durch die Geburt das Ewige des Menschen hereinzieht in die Welt, aus der des Menschen sinnlich-sichtbare leibliche Wesenheit genommen ist. Und wenn wir uns mit dieser Anschauung dem Weihnachtsgedanken nähern, dann erscheint er uns als der Gedanke, der uns verbindet mit dem Übersinnlichen. Dann erscheint er neben allem übrigen, was er uns nahebringt, so, daß er gewissermaßen an den einen Pol unseres Daseins hinweist, wo wir als sinnlich-physische Wesen zusammenhängen mit dem Geistig-Übersinnlichen. Deshalb wird, voll umfaßt, die Geburt des Menschen niemals begreiflich erscheinen können aus einer Wissenschaft, welche ihre Voraussetzungen nur aus der Beobachtung des sinnlich-physischen Daseins nimmt.

Am anderen Pol des menschlichen Erlebens liegt der Gedanke, der dem Osterfeste zugrunde liegt und der ja immer mehr und mehr im Lauf der abendländischen Entwickelung zu einem Gedanken geworden ist, der das materialistische Vorstellen des Abendlandes vorbereitet hat. Der Ostergedanke kann, zunächst in einer mehr abstrakten Weise, erfaßt werden, wenn man sich klar darüber ist, wie das Ewige, das Unsterbliche des Menschen, das also auch nicht geboren werden kann, wie das Geistig-Übersinnliche heruntersteigt aus geistigen Welten und sich umkleidet mit dem menschlichen physischen Leibe. Vom Beginne dieses physischen Daseins an – das habe ich von den verschiedensten Gesichtspunkten her vor Ihnen hier ausgeführt – ist dieses Wirken des Geistes im physischen Leibe eigentlich ein Hinführen des physischen Leibes zum Sterben, und mit dem Gedanken der Geburt ist zu gleicher Zeit der Gedanke des Sterbens gegeben.

Ich habe darauf hingewiesen, wie ja die Hauptesorganisation des Menschen nur dadurch zu verstehen ist, daß man weiß: Im Grunde genommen ist im Haupte ein fortwährendes Sterben vorhanden, das nur bekämpft wird von den Lebekräften des übrigen menschlichen Organismus. Und in dem Augenblicke, wo die Sterbekräfte, die immer im Menschen im Haupte vorhanden sind und des Menschen Denkernatur bedingen, in dem Augenblicke, wo diese Sterbekräfte die Oberhand bekommen über das menschliche vergängliche Wesen, in diesem Augenblicke tritt der wirkliche Tod ein.

So ist in Wahrheit der Todesgedanke nur, ich möchte sagen, die andere Seite des Geburtsgedankens, und es kann daher im Ostergedanken nicht der Todesgedanke zum Ausdruck kommen. In der Zeit, als das Christentum noch aus einer morgenländischen Anschauung heraus seine erste Gestalt gefunden hat, sehen wir, wie das Paulinische Christentum vor allen Dingen die Menschen hinweist nicht auf den Tod des Christus Jesus, sondern auf die Auferstehung; wie dieses Christentum darauf hinweist mit so starken Worten, wie sie Paulus spricht: «Ist der Christus nicht auferstanden, so ist euer Glaube tot.»

Die Auferstehung, der Triumph über den Tod, die Überwindung des Todes, das ist es, was vor allen Dingen als der Ostergedanke vorhanden gewesen ist in der ersten, noch durch die Weisheit des Morgenlandes bedingten Form des Christentums. Oder aber wir können auch sehen, wie auf der anderen Seite uns Bilder auftreten, wo der Christus Jesus dargestellt wird als der gute Hirte, der da wacht gewissermaßen über die ewigen Angelegenheiten des in seinem zeitlichen Dasein schlafenden Menschen. Wir sehen überall, daß im Grunde genommen die erste Christenheit hingewiesen wird auf die Worte des Evangeliums: «Der, den ihr suchet, der ist nicht mehr hier.» Ihr müßt ihn suchen – so können wir ergänzend hinzufügen – in geistigen Welten; ihr dürft ihn nicht suchen in der physisch-sinnlichen Welt. Suchet ihr ihn in der physisch-sinnlichen Welt, so kann euch nur gesagt werden: Der, den ihr als Physisch-Sinnlichen suchet, der ist nicht mehr hier in der physisch-sinnlichen Welt.

Die große, umfassende Weisheit, welche sich in den ersten Jahrhunderten des Christentums noch angeschickt hat, das Mysterium von Golgatha mit allem, was dazu gehört, zu durchdringen, sie tauchte zunächst unter in den Materialismus des Abendlandes. Dieser Materialismus war in den ersten Jahrhunderten noch nicht zum vollen Durchbruch gekommen. Er bereitete sich langsam vor. Man möchte sagen, die ersten, noch ganz schwachen materialistischen Impulse der ersten Jahrhunderte, die kaum bemerkbar waren, wandelten sich erst viel später um in das, was immer mehr und mehr Materialismus wurde und immer mehr die Zivilisation des Abendlandes durchdrang. Verbunden hat sich ja der morgenländische Religionsgedanke mit dem im Abendlande heraufziehenden Staatsgedanken. Im 4. Jahrhundert wurde das Christentum Staatsreligion, das heißt, es drang in das Christentum etwas ein, was nicht mehr Religion sein kann.

Julian Apostata, der kein Christ, aber ein religiöser Mensch war, konnte vor allen Dingen nicht ja sagen zu dem, was aus dem Christentum durch den Konstantinismus geworden war. Und so sehen wir, wie erst ganz schwach, aber eben doch schon etwas bemerkbar in der Vermischung des Christentums mit dem untergehenden Römertum, wie da der Materialismus des Abendlandes seine ersten Strahlen wirft. Unter diesem Einflusse entstand auch jenes Bild des Christus Jesus, das im Anfange gar nicht vorhanden war, das durchaus nicht im Ursprunge des Christentums liegt: das Bild des Christus Jesus als des Gekreuzigten, Leidenden, als des Schmerzensmannes, als desjenigen, der in Schmerzen vergeht unter dem Eindrucke des unsäglichen Leides, das ihm zugefügt worden ist.

Damit war ein Bruch gekommen in die ganze Anschauung der christlichen Welt; denn dieses Bild, welches fortan durch die Jahrhunderte gegangen ist – der am Kreuz hängende, schmerzdurchtränkte Christus –, das ist der Christus, welcher nicht mehr in seiner geistigen Wesenheit aufgefaßt werden kann, sondern allein in seiner leiblich-körperhaften Wesenheit. Und je mehr die Schmerzensmerkmale dem menschlichen Leibe aufgeprägt wurden, je mehr es die Kunst in ihrer großen Vollkommenheit zu verschiedenen Epochen zustande gebracht hat, dem am Kreuze hängenden Erlöser die Schmerzensmerkmale aufzudrücken, um so mehr wurden die Keime materialistisch-christlichen Empfindens gelegt. Der Kruzifixus ist der Ausdruck für den Übergang zum christlichen Materialismus. Dem widerspricht nicht, daß in einer großen, gewaltigen Weise gerade das, was als Schmerz des Erlösers durch die Kunst verkörpert worden ist, in seiner vollen Tiefe und Bedeutung anerkannt werde. Trotzdem bleibt es wahr, daß mit diesem Bilde des Erlösers, der am Kreuze unter Schmerzen vergeht, von einer eigentlich geistigen Auffassung des Christentums der Abschied genommen worden ist.

Es mischte sich ja dann hinein in diese Auffassung des Schmerzensmannes jene von Christus, dem Weltenrichter, den wir eigentlich nur als einen anderen Ausdruck für Jahve oder Jehova, nämlich für den Jahve oder Jehova, der ins Juristische umgewandelt ist, in der Sixtinischen Kapelle in Rom in so großartiger Weise sehen. Derselbe Geist, der von der Vorstellung des Grabes, aus dem der Erlöser sich erhebt, aus dem der Erlöser heraus triumphiert, der aus diesem Bilde hat verschwinden lassen den triumphierenden Geist, den Sieger über den Tod – derselbe Geist hat 869 am achten allgemeinen ökumenischen Konzil in Konstantinopel den Geist als etwas erklärt, an das man nicht glauben dürfe, hat dekretiert, daß der Mensch nur vorzustellen ist als aus Leib und Seele bestehend und daß der Geist nur in einigen Eigenschaften bestehe, die die Seele trüge.

Wie wir hinweggehaucht sehen aus dem Kruzifixus das Geistige, wie wir im Physischen, das allein zur äußeren Darstellung kommt, die schmerzdurchtränkte Seele fühlen, ohne den Geist als Triumphator, ohne den Geist als Träger und zu gleicher Zeit als den für die Menschheit Sorgenden, so sehen wir durch Konzilsbeschluß auch aus der menschlichen Wesenheit den Geist hinweggestrichen.

Und zusammengeschoben wurde das Karfreitagsfest und das Auferstehungsfest, das Osterfest. Das Karfreitagsfest war in gewissem Sinne in den Zeiten, in denen die Menschen noch nicht so trocken und nüchtern und verstandesöde waren, zu einem Fest geworden, in dem der Ostergedanke umgewandelt war in einer durch und durch egoistischen Weise. Im Schmerze wühlen, die eigene Seele wie wollüstig in den Schmerz eintauchen, Schmerzensseligkeiten empfinden, das war durch Zeitalter hindurch der Karfreitagsgedanke, der gewissermaßen nur den Hintergrund abgeben sollte für einen Ostergedanken, zu dessen Erfassung man in seiner wahren Gestalt immer weniger fähig wurde. Denn dieselbe Menschheit, die zum Glauben hat erheben lassen das Prinzip, daß der Mensch nur aus Leib und Seele bestehe, dieselbe Menschheit forderte für ihr Gefühl den bloß sterbenden Erlöser, forderte das Gegenbild ihres eigenen physischen Schmerzes, damit sie einen Hintergrund habe, um – allerdings nur in einem äußerlichen Übergang – zu empfinden, was ursprünglich elementar empfunden werden sollte als das Bewußtsein, daß der lebendige Geist immerdar siegen muß über alles, was im physischen Leib geschehen kann. Man brauchte erst das Marterbild des Todes, um als Kontrast zu empfinden den eigentlichen Ostergedanken.

Man wird es immer tief empfinden müssen, wie auf diese Weise allmählich aus der abendländischen Kultur die eigentliche Geistanschauung und Geistempfindung gewichen ist, und man wird gewiß mit Bewunderung, aber auch zugleich mit dem Gefühle einer gewissen Tragik hinschauen auf all die künstlerischen Versuche, den Schmerzensmann an dem Kreuze darzustellen. Es genügt nicht, daß man sich mit einigen hingeworfenen Gedanken und mit einigen eingestreuten Empfindungen zu dem erhebe, was unserer Zeit notwendig ist. Man muß alles das voll durchschauen, was auf abschüssiger Bahn seit langem war in bezug auf das Geistige in der abendländischen Kultur.

Wir haben es heute nötig, daß auch dasjenige, was auf einem Gebiete zu dem Größten gehört, zu gleicher Zeit empfunden werde als etwas, worüber sich die Menschheit heute erheben muß. Wir brauchen aber innerhalb unserer ganzen abendländischen Kultur den Ostergedanken. Wir brauchen mit anderen Worten wiederum die Erhebung zum Geiste. Was einstmals in grandioser Weise aufgetaucht ist als das heilige Mysterium der Geburt, das Weihnachtsmysterium, das tauchte allmählich innerhalb der sich entwickelnden abendländischen Kultur ein in jene Sentimentalitäten, die doch nur der Gegenpol für die materialistische Entwickelung waren, in jene Sentimentalitäten, welche schwelgten und schwelgten in allen möglichen Liedern über das Jesulein. Es war ein wollüstiges Schwelgen in der Empfindung des kleinen Kindes. Statt das große, gewaltige Mysterium des Hereindringens eines überirdischen Geistes im Weihnachtsmysterium zu empfinden, wurden die nüchternen Philisterlieder von dem «Jesulein» allmählich das Tonangebende und das Maßgebliche.

Es ist charakteristisch für die rein in den Bahnen des Verstandes wandelnde Entwickelung des Christentums – die es bis heute in gewissen Vertretern schon dahin gebracht hat, zu sagen, der Sohn gehöre überhaupt nicht in das Evangelium, sondern der Vater gehöre in das Evangelium –, daß diese Entwickelung dennoch den Auferstehungsgedanken beibehält, indem der Auferstehungsgedanke noch immer mit dem Todesgedanken verquickt wird, auch für dieses Christentum. Aber charakteristisch ist, wie immer mehr in der Form, wie ich es eben dargestellt habe, der Karfreitagsgedanke mit der modernen Entwickelung in den Vordergrund getreten ist, und wie der Auferstehungsgedanke, der wahre Ostergedanke, allmählich immer mehr zurückgetreten ist.

Eine Zeit, die darauf hinweisen muß, daß der Mensch die Auferstehung seines Wesens aus dem Geiste heraus wieder erleben müsse, die muß gerade den Ostergedanken in besonderer Art betonen. Wir brauchen den Ostergedanken, wir brauchen ein völliges Verständnis des Ostergedankens. Dazu ist es aber notwendig, daß wir uns klarwerden, daß der Schmerzensmann ebenso der Ausdruck für das Hineingehen der abendländischen Entwickelung in den Materialismus ist wie auf der anderen Seite der bloß juristisch richtende Weltenrichter. Wir brauchen ja den Christus als übersinnliche Wesenheit, als Wesenheit, welche außerirdischer Art ist und dennoch hereingezogen ist in die irdische Entwickelung. Wir müssen uns zu diesem Sonnengedanken allen menschlichen Vorstellens durchringen.

So wie wir durchschauen müssen, daß der Weihnachtsgeburtsgedanke zu etwas geworden ist, was, ich möchte sagen, das größte Mysterium hereingezogen hat in das triviale Empfinden der Sentimentalität, ebenso müssen wir durchschauen, wie es notwendig ist, am Ostergedanken zu betonen, daß da in die menschliche Entwickelung etwas hineinzieht, was aus irdischen Voraussetzungen heraus nicht verständlich ist, was aber verständlich ist aus der Vorraussetzung geistigen Wissens, aus geistiger Erkenntnis heraus.

Geistige Erkenntnis muß an dem Auferstehungsgedanken den ersten großen Halt finden, muß auch im Menschen anerkennen das Unberührtsein des Geistig-Ewigen von dem, was leiblich-physisch ist, muß sehen in dem paulinischen Wort: «Und ist der Christus nicht auferstanden, so ist euer Glaube tot» eine Bekräftigung – die in der neueren Zeit nur auf andere, bewußtere Weise errungen werden muß –, eine Bekräftigung dessen, was im Grunde genommen die eigentliche Wesenheit des Christus ausmacht.

In dieser Art müssen wir uns heute wiederum an den Ostergedanken erinnern. In dieser Art muß uns die Zeit, in der wir uns an den Ostergedanken erinnern können, wiederum ein innerliches Fest werden, ein Fest, an dem wir für uns selber den Sieg des Geistes über die Leiblichkeit feiern. Uns muß, weil wir ja nicht unhistorisch sein dürfen, vor Augen stehen der schmerzgeplagte Jesus am Kreuze, der Schmerzensmann; uns muß aber über dem Kreuze erscheinen der Triumphator, der unberührt bleibt sowohl von der Geburt wie vom Tode, und der allein unseren Blick hinaufwenden kann zu den ewigen Gefilden des geistigen Lebens. Erst dadurch werden wir uns der wahren Wesenheit des Christus wiederum nähern.

Die abendländische Menschheit hat den Christus zu sich heruntergezogen: heruntergezogen als kleines Kind, heruntergezogen als denjenigen, der vorzugsweise empfunden wird im Vergehen, im Schmerz. Es ist von mir des öfteren hervorgehoben worden, wie ebensolange Zeit, als *vor* dem Mysterium von Golgatha aus des Buddha Munde die Worte tönen, der Tod sei das Übel, *nach* dem Mysterium von Golgatha auftritt der Kruzifixus, der Gekreuzigte, wie da hingeschaut wird auf den Tod, und er als kein Übel empfunden wird, sondern als etwas, was in Wahrheit kein Dasein hat.

Aber diese Empfindung, die noch hereintaucht aus einer morgenländischen Weisheit, die tiefer ist als der Buddhismus, diese Empfindung unterliegt der anderen, die sich festhaftet an dem Anblicke des Schmerzgepreßten. Wir müssen nicht nur mit unseren Gedanken, denn die sind meist kurzmaschig, wir müssen mit der ganzen Weite unserer

Gefühle hinauf zu dem, was das Schicksal ist der menschlichen Vorstellungen von dem Mysterium von Golgatha im Laufe der Jahrhunderte. Wir müssen uns klar darüber werden, daß wir zu einem reinen echten Verständnis des Mysteriums von Golgatha zurückkehren müssen. Wir müssen bedenken, wie selbst noch im hebräischen Altertum Jahve nicht als Weltenrichter im juristischen Sinne gedacht wird. Die größte dramatische Darstellung des religiösen Empfindens des hebräischen Altertums, das Buch Hiob, das den duldenden Hiob darstellt, schließt im Grunde genommen die Empfindung des äußerlich Gerechtsamen aus. Hiob ist der duldende Mensch, der Mensch, der das, was ihm von der Außenwelt geschieht, als ein Schicksal ansieht. Erst allmählich zieht der juristische Begriff der Vergeltung auch in die Weltenordnung ein. Aber in einer gewissen Weise ist es doch wie ein Aufleben des Jahve-Prinzips, was wir in dem Bilde am Altar der Sixtinischen Kapelle von Michelangelo vor uns haben.

Wir aber brauchen den Christus, den wir in unserem Inneren suchen können, weil er, wenn wir ihn suchen, alsbald erscheint. Wir brauchen den Christus, welcher in unseren Willen einzieht, der unseren Willen durchwärmt und durchfeuert, damit dieser Wille kraftvoll werde zu denjenigen Taten, die für die Menschheitsentwickelung von uns verlangt werden. Wir brauchen denjenigen Christus, den wir nicht als den leidenden anschauen, sondern der da schwebt oberhalb des Kreuzes und herüberschaut auf das, was wesenlos am Kreuze endet. Wir brauchen das starke Bewußtsein von der Ewigkeit des Geistes.

Wir gewinnen das starke Bewußtsein von der Ewigkeit des Geistes nicht, wenn wir uns verlieren in dem Bilde des bloßen Kruzifixus. Und wenn wir sehen, wie das Bild des Kruzifixus nach und nach immer mehr umgestellt worden ist zum Leidenden und Schmerzfühlenden, so werden wir sehen, welche Kraft gerade diese Richtung menschlichen Empfindens gewonnen hat. Es ist die Abwendung des Blickes der Menschheit von dem eigentlich Geistigen und die Hinwendung zu dem bloß Irdisch-Physischen. Das ist ja zuweilen in einer grandiosen Weise ausgedrückt; aber denen, die zum Beispiel wie Goethe schon etwas empfunden haben von der Notwendigkeit, daß unsere Zivilisation wieder zum Geiste durchdringe, solchen Menschen ist es immer als etwas erschienen, mit dem sie eigentlich nicht mitgehen. Goethe hat es ja oft genug zum Ausdruck gebracht, daß der gekreuzigte Erlöser im Grunde genommen eigentlich nicht dasjenige zum Ausdrucke bringt, was er an dem Christentum empfindet: die Erhebung des Menschen zum Geistigen.

Es ist die Notwendigkeit vorhanden, daß sowohl die Karfreitagsstimmung wie die Osterstimmung sich wandle, daß die Karfreitagsstimmung zu einer solchen sich gestalte, welche in sich trägt das Hinschauen auf den endenden Jesus und damit im Grunde genommen empfindet: dieses ist nur die andere Seite des Geborenwerdens. Wer nicht sieht im Geborenwerden zugleich das Sterbende, der sieht nicht vollständig. Wer imstande ist, das, was in der Todesstimmung des Karfreitags auftritt, so zu empfinden, daß ihm da nur die eine Seite des Menschlichen gegeben wird, die der andere Pol ist dessen, was in dem Hereintreten des Kindes bei der Geburt gegeben ist, der wird sich in der richtigen Weise vorbereiten für die eigentliche Osterstimmung, für jene Stimmung, die nur darin bestehen kann, daß der Mensch weiß: Und was auch meine menschliche Hülle ist, die geboren wird – der eigentliche Mensch ist ungeboren, wie er unsterblich ist.

Der eigentliche Mensch muß sich verbinden mit demjenigen, was hereingekommen ist in die Welt als der Christus, der nicht sterben kann, der auf ein anderes als auf sich selbst hinabsieht, wenn er den Schmerzensmann des Kreuzes ansieht. Es muß empfunden werden, was eigentlich geschehen ist dadurch, daß die Geistesvorstellung seit dem Ende des ersten Jahrhunderts allmählich der abendländischen Zivilisation verlorengegangen ist. Und es wird der Welt-Ostergedanke sein, wenn eine genügend große Anzahl von Menschen empfinden, daß der Geist innerhalb der modernen Zivilisation wieder auferstehen muß.

Äußerlich wird man das so auszudrücken haben, daß der Mensch nicht allein wird forschen wollen über dasjenige, was über ihn verhängt ist, nicht allein wird suchen nach Naturgesetzen oder nach Geschichtsgesetzen, die ähnlich den Naturgesetzen sind, sondern daß der Mensch Verlangen tragen wird nach der Erkenntnis seines eigenen Willens, nach der Erkenntnis seiner eigenen Freiheit, daß der Mensch darnach Verlangen tragen wird, die eigentliche Natur des Willens zu empfinden, der den Menschen über die Pforte des Todes hinausträgt, der aber geistig angeschaut werden muß, damit er in seiner wahren Gestalt gesehen werden kann.

Wie soll der Mensch die Kraft gewinnen zu dem Pfingstgedanken, zu der Ausgießung des Geistes, nachdem am achten allgemeinen ökumenischen Konzil von Konstantinopel der Pfingstgedanke dogmatisch zur bloßen Phrase erklärt worden ist? Wie soll der Mensch die Kraft gewinnen zu diesem Pfingstgedanken, wenn er nicht durchzudringen vermag zu dem Ostergedanken, zu dem wahren Ostergedanken, zu dem Gedanken von der Auferstehung des Geistes! Es darf der Mensch nicht betäubt werden durch das Bild des sterbenden, des schmerzdurchdrungenen Erlösers. Es muß der Mensch lernen das Verbundensein des Schmerzes mit dem Zusammengefügtsein mit dem materiellen Dasein.

Das war ein Grundprinzip der alten Weisheit, die noch aus instinktiven Untergründen des menschlichen Erkennens heraus gekommen ist. Wir müssen uns diese Erkenntnis durch bewußtes Erkennen wiederum erringen. Das war aber ein Grundprinzip, daß des Schmerzes Ursprung die Verbindung mit der Materie ist, daß das Leiden stammt von der Verbindung des Menschen mit der Materie. Ein Unding wäre es allerdings, zu glauben, daß der Christus, weil er als göttlich-geistiges Wesen durch den Tod hindurchgegangen ist, den Schmerz nicht erlitten habe. Den Schmerz beim Mysterium von Golgatha für einen bloßen Scheinschmerz zu erklären, wäre unreal gedacht. Er muß im allerbedeutendsten Sinne als wirklich gedacht werden, aber er darf nicht gedacht werden als sein Gegenbild. Es muß wieder etwas gewonnen werden von dem, was vor uns steht, wenn wir mit dem Überblick über die ganze Menschheitsentwickelung das Mysterium von Golgatha vor uns hinstellen.

Wenn den alten zu initiierenden Schülern der freieste Mensch im Bilde vorgeführt werden sollte, wenn diese zu initiierenden Schüler die verschiedensten Vorstufen durchgemacht hatten, wenn sie durchgegangen waren durch alle die Übungen, durch die sie sich gewisse Erkenntnisse erringen konnten, und die ihnen im Bilde dramatisch vorgeführt worden sind, dann wurden sie zuletzt geführt vor das Bild des ganz und gar in seinem physischen Leibe leidenden Menschen im roten Purpurmantel mit der Dornenkrone auf dem Haupte, vor das Bild des

Chrestos. Und im Anschauen dieses Chrestos sollte sich der Seele entringen diejenige Kraft, die den Menschen zum eigentlichen Menschen macht. Und die Blutstropfen, die an allen wichtigeren Stellen jenes alten Chrestos dem Schauenden, dem zu Initiierenden entgegentraten, die sollten da sein zur Beseitigung der Ohnmacht und der menschlichen Schwäche und zum Erheben des triumphierenden Geistes aus dem menschlichen Inneren.

Die Schmerzesanschauung sollte bedeuten die Auferstehung des geistigen Wesens. Im tiefsten Sinne sollte im Bilde vor dem Menschen stehen, was man in einfachen Worten so ausdrücken kann: Deiner Lust magst du manches im Leben verdanken; hast du dir aber Erkenntnis, hast du dir Einsicht in die geistigen Zusammenhänge verschafft, so verdankst du das deinem Leide, deinem Schmerze. Du verdankst es dem Umstande, daß du in deinem Leide und deinem Schmerze nicht untergegangen bist, sondern die Kraft hattest, dich aus ihnen zu erheben. – Deshalb wurde in den alten Mysterien das Bild des leidenden Chrestos abgelöst durch das andere Bild des triumphierenden Christus, der herunterschaut auf den leidenden Chrestos als auf dasjenige, was überwunden ist.

Wiedergefunden werden muß so die Möglichkeit, den triumphierenden geistigen Christus vor der Seele und in der Seele und namentlich im Willen zu haben. Das ist dasjenige, was uns bevorstehen muß in der Gegenwart und insbesondere in dem, was wir tun wollen in dieser Gegenwart zu der Herbeiführung einer heilsamen menschlichen Zukunft. Aber nimmermehr werden wir diesen Ostergedanken, diesen wahren Ostergedanken fassen können, wenn wir nicht einzusehen vermögen, daß wir hinausblicken müssen von dem bloß Irdischen in das Kosmische, wenn wir überhaupt von dem Christus sprechen wollen.

Das neuere Denken hat uns den Kosmos zum Leichnam gemacht. Wir erblicken heute die Sterne und den Gang der Sterne und berechnen das alles. Das heißt, wir rechnen etwas aus über den Leichnam der Welt – und wir sehen nicht, wie in den Sternen lebt das Leben und wie in dem Gang der Sterne walten die Absichten des kosmischen Geistes. Der Christus ist heruntergestiegen in die Menschheit, um die Menschenseelen zu verbinden mit diesem kosmischen Geiste. Und nur derjenige ist ein wahrer Verkünder des Evangeliums von Christus selber, der da hinweist darauf, daß dasjenige, was physisch-sinnlich in der Sonne erscheint, der äußere Ausdruck ist für den Geist unserer Welt, den auferstehenden Geist unserer Welt.

Lebendig muß werden so etwas wie die Zusammengehörigkeit desjenigen, was der Abglanz des Weltengeistes ist im Monde, und desjenigen, was dieser Weltengeist selber ist in der Sonne. Lebendig muß wieder werden, wie das Osterfest bestimmt worden ist durch die Verhältnisse von Sonne und Mond im Frühling. Anknüpfen müssen wir können an dasjenige, was das Osterfest aus dem Kosmos selber für die Erdenentwickelung bestimmt hat. Wir müssen wissen, daß es die schützendsten und wachesten Geister des Kosmos waren, die aus dieser Weltenuhr, deren Zeiger Sonne und Mond für das irdische Dasein sind, verständlich gemacht haben die große, bedeutsame Stunde in der Welt- und Menschheitsentwickelung, in welche die Auferstehung zu setzen ist. Lernen müssen wir es vom Geistigen, zu empfinden den Gang dieser beiden Zeiger Sonne und Mond, wie wir für unsere physischen Angelegenheiten verstehenlernen den Gang der Zeiger der Uhr. Anknüpfen müssen wir das Physische, Irdische an das Überphysische, Überirdische.

Der Ostergedanke verträgt nur die Interpretation aus dem Überirdischen heraus. Denn geschehen ist mit dem Mysterium von Golgatha, insofern es das Auferstehungsmysterium ist, etwas, was sich unterscheidet von den übrigen Angelegenheiten der Menschen. Die übrigen Angelegenheiten der Menschen verlaufen auf der Erde in einer ganz anderen Art als das, was mit dem Mysterium von Golgatha geschehen ist. Die Erde hat aufgenommen die kosmischen Kräfte, und aus dem, was sie selber geworden ist, sprießen sie hervor die menschlichen Willenskräfte in den menschlichen Stoffwechsel hinein. Als aber das Mysterium von Golgatha sich abgespielt hat, da drang ein neuer Zusammenfluß des Willens in das irdische Geschehen herein. Da geschah auf der Erde etwas, was kosmisches Geschehen ist, und wofür die Erde nur Schauplatz ist. Der Mensch wurde wiederum mit dem Kosmos verbunden.

Das ist es, was verstanden werden muß, und das Verständnis davon gibt erst den Ostergedanken in seinem vollen Umfange. Daher muß vor unserer Seele erstehen nicht nur das Bild des Kruzifixus. Und hätte die Kunst das Schönste, das Größte, das Bedeutendste, das Erhabenste hervorgebracht in dem Bilde des Kruzifixus – erstehen muß der Gedanke: «Der, den ihr suchet, der ist nicht hier.» Erscheinen muß euch über dem Kreuze derjenige, der nun hier ist, und der aus dem Geiste heraus für den Geist, Geist erweckend, zu euch spricht.

Das ist es, was als Ostergedanke in die Menschheitsentwickelung hineinkommen muß; das ist dasjenige, zu dem sich das menschliche Herz und der menschliche Sinn erheben müssen. Von uns wird in unserer Zeit nicht bloß verlangt, daß wir Altes bewundern. Von uns wird nicht bloß verlangt, daß wir uns hineinvertiefen und hineinversenken können in das, was geschaffen worden ist. Wir müssen Neu-Schaffende werden. Und sei es selbst das Kreuz mit all dem Schönen, was Künstler aus ihm gemacht haben. Wir dürfen es nicht dabei belassen. Wir müssen hören die Worte der geistigen Wesen, die uns, wenn wir suchen im Tode und im Leiden, zurufen: Der, den ihr suchet, er ist nicht mehr hier! – Und so müssen wir suchen denjenigen, der da hier ist.

Wir müssen verstehen, zu Ostern uns hinzuwenden zu dem Geiste, der uns allein in dem Bilde der Auferstehung gegeben werden kann. Dann werden wir in der richtigen Weise vorschreiten können von der Leidens-Karfreitagsstimmung zu der geistigen Stimmung des Ostertages. Dann werden wir aber auch fähig werden, in dieser Stimmung des Ostertages dasjenige zu finden, was unser Wille aufnehmen muß, damit wir Wirkende werden können gegenüber den Niedergangskräften in den Aufgangskräften der Menschheit. Und solche Kräfte, die da mitwirken können, die brauchen wir. Und in dem Augenblicke, wo wir in der richtigen Weise den Auferstehungs-Ostergedanken verstehen, wird dieser Ostergedanke, warm und uns durchleuchtend, die Kräfte in uns entzünden, die wir für die zukünftige Menschheitsentwickelung brauchen.

DAS PFINGSTGEHEIMNIS IN SEINEM ANSCHLUSSE AN DIE HIMMELFAHRTSOFFENBARUNG

Dornach, 7. Mai 1923

Die Entwickelung der Erdenmenschheit hat aus den verschiedenen Religionssystemen heraus gewaltige Bilder vor diese Menschheit hingestellt, Bilder, zu deren völligem Verständnis schon einmal eine Art esoterischer Erkenntnis gehört. Wir haben auf anthroposophischem Boden im Laufe der Jahre alle vier Evangelien in dieser Weise interpretiert gesehen, indem wir die anthroposophisch-esoterische Erkenntnis anwendeten, um den tieferen Gehalt der Evangelien an das Tageslicht zu ziehen. In der Regel ist dasjenige, worum es sich dabei handelt, dargestellt in Bildern, die gerade deshalb Bilder sind, weil Bilder sich nicht in einer so engen Weise rationalistisch mitteilen lassen wie Begriffe und Ideen.

Bei Begriffen und Ideen hat der Mensch die Meinung, daß er, wenn er den Begriff in sich aufgenommen hat, alles durchschaut habe, was in Betracht kommt. Bei dem Bilde, bei der Imagination, kann man eine solche Meinung nicht haben. Das Bild, die Imagination wirkt lebendig. Man möchte sagen, sie wirkt lebendig wie ein lebendes Wesen selber, sagen wir, ein lebendes Wesen wie der Mensch. Man mag es von dieser oder jener Seite kennengelernt haben, man wird aber immer wieder und wiederum neue Seiten kennenlernen. Und man wird sich nicht begnügen mit allerlei Definitionen, die die Sache umfassen sollen, sondern man wird sich aufschwingen wollen zu Charakteristiken, die von verschiedenen Seiten her dem Bilde beizukommen streben und die das Bild immer mehr und mehr zur Erkenntnis des Menschen bringen.

Nun möchte ich heute gerade zwei Bilder, die Sie als Bilder ja gut kennen, vor Ihre Seele hinstellen und einiges in bezug auf diese Bilder charakterisieren. Das eine Bild ist dasjenige, das uns die Jünger des Christus Jesus darstellt am Himmelfahrtstage, wie sie aufblickend entschweben sehen den Christus in den Wolken. Das Bild wird gewöhnlich so aufgefaßt, daß der Christus himmelwärts gefahren ist, die

Erde verlassen habe, und daß die Jünger gewissermaßen auf sich selbst gestellt sind, wie überhaupt sich die Erdenmenschheit, für die der Christus durch das Mysterium von Golgatha gegangen ist, nach seiner Himmelfahrt sich selbst überlassen sieht.

Sie können leicht auf den Gedanken kommen, daß dies der Realität des Mysteriums von Golgatha in einer gewissen Weise widerspricht. Wir wissen, daß durch das Mysterium von Golgatha der Christus in Wahrheit beschlossen hat, sein eigenes Wesen mit dem Wesen der Erde zu verbinden, also eigentlich von dem Mysterium von Golgatha ab mit der Erdenentwickelung in einem fortdauernden Zusammenhang zu bleiben. So könnte man das gewaltige Bild der Himmelfahrt in Widerspruch gesetzt sehen zu demjenigen, was sich aus der esoterischen Anschauung des Mysteriums von Golgatha über die Verbindung des Christus mit dem Erdenwesen und mit der Menschheit ergibt. Wir wollen heute versuchen, über diesen Widerspruch an der Hand wirklicher geistiger Tatsachen einmal hinwegzukommen.

Das zweite Bild, das ich heute vor Ihre Seele rücken möchte, ist dasjenige, wo zehn Tage nach der Himmelfahrt die Jünger versammelt sind und feurige Zungen auf das Haupt eines jeden herniederkommen, so daß sie sich angeregt fühlen, wie das in populärer Ausdrucksform heißt, in den verschiedenen Zungen zu sprechen. In Wirklichkeit heißt das aber, daß sie nunmehr die Möglichkeit hatten, die Geheimnisse von Golgatha jedem menschlichen Herzen, welchem Bekenntnis es auch sonst angehört, beizubringen. Diese zwei Bilder wollen wir heute einmal vor unsere Seele hinstellen und wollen einiges – es kann natürlich nur einiges sein – zu ihrer Charakteristik beitragen.

Wir wissen, daß die Menschheitsentwickelung nicht erst auf der Erde begonnen hat. Wir wissen, daß der Erdenentwickelung vorangegangen ist die Mondenentwickelung, dieser eine Sonnenentwickelung, dieser eine Saturnentwickelung, wie Sie das dargestellt finden in meiner «Geheimwissenschaft im Umriß». Wir wissen, daß der Mensch während der Saturnentwickelung zwar bis zu dem physischen Leib herunter sich entfaltete, daß aber dieser physische Leib dazumal im wesentlichen nur ein Wärmeleib war, das heißt, daß eine Summe von Wärmedifferenzen, Wärmewirkungen, sich um das Seelisch-Geistige, wie es dazumal eben im Sinne der Beschreibungen meiner «Geheimwissenschaft» war, gewissermaßen herumlagerten.

Wir wissen dann, daß während der Sonnenentwickelung der Mensch einen luftförmigen Körper bekommen hat, während der Mondenentwickelung eine Art flüssigen Körper, und den festen, den eigentlich erdigen Körper erst während der Erdenentwickelung sich angeeignet hat.

Nun müssen wir einmal die Erdenentwickelung ins Auge fassen. Wir wissen, daß die Erdenentwickelung in sieben aufeinanderfolgenden Epochen vor sich geht. Die erste Epoche ist gewissermaßen eine Wiederholung der Saturnentwickelung, die zweite eine Wiederholung der Sonnenentwickelung, die dritte Epoche eine Wiederholung der Mondenentwickelung – wir haben sie einmal die lemurische Entwickelung genannt. Mit der vierten Epoche setzt die eigentliche Erdenentwickelung ein. Wir leben jetzt in der fünften Entwickelungsepoche. Ihr werden zwei andere, eine sechste und eine siebente, folgen.

1. Epoche	Wiederholung der Saturnentwickelung
2. Epoche	Wiederholung der Sonnenentwickelung
3. Epoche	Wiederholung der Mondenentwickelung Lemurische Zeit
4. Epoche	Beginn der eigentlichen Erdenentwickelung Atlantische Zeit
5. Epoche	Nachatlantische Zeit
6. Epoche	
7. Epoche	

Die Mitte der Erdenentwickelung liegt nun in der Mitte der atlantischen Epoche, so daß die Erde bereits für unsere Gegenwart die Kulmination, die eigentliche Mitte ihrer Entwickelung, überschritten hat. Sie müssen daraus ersehen, daß die Erde sich bereits in absteigender Entwickelung befindet. Wir haben also in unserer Zeit durchaus damit zu rechnen, daß die Erde in absteigender Entwickelung ist. Ich habe ja öfter darauf aufmerksam gemacht, daß das sogar mit den Ergebnissen der materialistischen Geologie heute durchaus übereinstimmt.

Eduard Sueß macht in seinem Buche «Das Antlitz der Erde» darauf aufmerksam, daß die Schollen der Erde, auf denen wir heute herumtreten, eigentlich einer schon ersterbenden Erde angehören. Die Erde war sozusagen während der atlantischen Epoche in ihrem mittleren Alter. Da war sie voll inneren Lebens und man fand auf der Erde nicht diejenigen Gebilde, die man heute als Gesteine findet, die zerbröckeln, sondern da fand man das Mineralische in dem Irdischen so tätig, wie heute das Mineralische etwa in einem tierischen Organismus tätig ist, wo es ja auch höchstens, wenn der tierische Organismus krank ist, in allerlei Ablagerungen sich ergibt. Wenn man aber den tierischen Organismus gesund hat, so bilden sich als Ablagerungen nur etwa die Knochen. Aber diese haben auch noch ein inneres Leben. Sie haben nicht jenes Erstorbensein, das verstäubt, wie unsere Gebirge; die Felsen unserer Gebirge verstäuben. Dieses Verstäuben der Felsen unserer Gebirge ist eben einfach das Zeugnis für die schon in einem Todesprozeß, in einem Sterbeprozeß befindliche Erde.

Wie gesagt, das ist heute schon eine Erkenntnis der gewöhnlichen materialistischen Geologie. Anthroposophie muß nun zu dem hinzufügen, daß wirklich seit der Mitte der atlantischen Epoche die Erde in einem absteigenden Entwickelungsprozeß ist. Aber zur Erde müssen wir rechnen alles dasjenige, was der Erde angehört, die Pflanzen, die Tiere und vor allen Dingen den physischen Menschen. Der physische Mensch gehört zur Erde. Und indem die Erde in einem absteigenden Prozeß ihrer Entwickelung ist, ist auch der physische Menschenleib durchaus in einem absteigenden Entwickelungsprozeß. Anders ausgedrückt, esoterischer ausgedrückt, bedeutet das folgendes: Seit der Mitte der atlantischen Zeit ist eigentlich alles dasjenige fertig, was sich zuerst veranlagt hat in dem Wärmeleib des Saturn. Der menschliche physische Leib war in der Mitte der atlantischen Zeit fertig. Dann hat er sich schon in einer absteigenden Linie entwickelt.

Als nun die Zeit des Mysteriums von Golgatha herankam, da war im Grunde über die ganze Erde hin im wesentlichen – die Entwickelung geht ja nicht gleichmäßig, es erscheint eine Entwickelungsphase bei einem Volke etwas früher, bei dem andern Volk oder der andern Rasse etwas später –, aber im wesentlichen, im Durchschnitt war um die Zeit, als das Mysterium von Golgatha eintrat, die Entwickelung des physischen Wesens des Menschen so, daß eigentlich für die gesamte Menschheit in Aussicht stand, sich nicht weiter auf der Erde verkörpern zu können, das heißt, diese absteigende Erdenentwickelung nicht weiter mitmachen zu können.

Das war etwas, was man in Eingeweihtenschulen schon durchaus wußte, was man natürlich auch heute wissen kann: daß um die Zeit des Mysteriums von Golgatha der menschliche physische Leib so weit im Verfall war, daß die Menschen, die dazumal verkörpert waren, oder die kurz nachher verkörpert waren, so etwa bis gegen das 4. Jahrhundert hin, vor der Gefahr standen, die Erde wüst und leer zu lassen, in der Zukunft keine Möglichkeit zu finden, herunterzusteigen aus der geistig-seelischen Welt und einen physischen Körper aus physischen Erdenmitteln heraus zu formen. Diese Gefahr war da. Es hätte also der Mensch eigentlich seiner Erdenbestimmung untreu werden müssen. Das Zusammenwirken der ahrimanischen und der luziferischen Mächte hatte es in der Tat so weit gebracht, daß zur Zeit des Mysteriums von Golgatha die Menschheit eigentlich auf der Erde aussterben sollte. Und durch dasjenige, was mit dem Mysterium von Golgatha geschehen ist, wurde, man möchte sagen, die Menschheit von dem Aussterben geheilt. Es wurde dem physischen Leib des Menschen wiederum eine entsprechende Frische beigebracht, so daß die Menschen nun die weitere Erdenentwickelung so durchmachen können, daß sie wiederum herunterkommen können aus geistig-seelischen Welten und die Möglichkeit haben, überhaupt physische Leiber zu bewohnen. Das war die ganz reale Wirkung des Mysteriums von Golgatha.

Ich habe es bereits öfter angedeutet, daß diese Wirkung in solcher Linie liegt, unter anderem einmal in einem Vortragszyklus, der den Titel trägt «Von Jesus zu Christus», der in Karlsruhe gehalten worden ist, und der ja, weil gewisse Wahrheiten, von denen viele Leute wollen, daß sie verhüllt bleiben, einmal aus einem esoterischen Pflichtgefühl heraus ausgesprochen wurden, gerade am meisten angefeindet worden ist. Ja, man kann sagen, von gewissen Seiten her begann überhaupt die Feindschaft gegen Anthroposophie gerade von diesem

Zyklus aus. Nun, das war also die reale Wirkung nach der einen Seite hin. Man kann dieselbe Tatsache natürlich auch in mannigfaltiger anderer Weise aussprechen. In jenem Zyklus habe ich sie anders ausgesprochen, aber dasjenige, was ich heute charakterisiere, ist eben, nur von einer andern Seite her erfaßt, dasselbe.

Es war also so, daß durch das Mysterium von Golgatha die Wachstums- und Gedeihenskräfte des physischen Menschen neu angefacht worden sind. Dadurch ist die Möglichkeit herbeigeführt, daß der Mensch in den Schlafzuständen einen Impuls erhält, den er sonst nicht erhalten würde. Die Gesamtentwickelung des Menschen auf der Erde verläuft ja in Wachzuständen und in Schlafzuständen. Im Schlafzustande bleiben physischer Leib und Ätherleib zurück. Das Ich und der astralische Leib machen sich vom Einschlafen bis zum Aufwachen selbständig. Während dieses Selbständigmachens im Schlafe geschieht namentlich die Einwirkung der Christus-Kraft bei denjenigen Menschen, die sich durch den nötigen Seeleninhalt in entsprechender Weise für den Schlafzustand bereithalten. Also die Einwirkung durch die Christus-Kraft geschieht vorzugsweise während des Schlafzustandes.

Nun stellen Sie sich einmal vor, daß in demjenigen Zeitpunkte, der biblisch bildlich angedeutet wird durch das Himmelfahrtsbild, die Jünger so weit hellsichtig geworden sind, daß sie auf dasjenige sehen, was eigentlich Geheimnis der Erdenentwickelung ist. Die Geheimnisse der Erdenentwickelung gehen eigentlich vor dem gewöhnlichen Bewußtsein des Menschen vorbei. Das gewöhnliche Bewußtein kann gar nicht wissen, ob nicht in irgendeinem Punkte der Menschheitsentwickelung etwas für die Erdenentwickelung höchst Bedeutsames geschieht. Es geschieht auch so manches, nur achtet das gewöhnliche Bewußtsein nicht darauf. Und die Darstellung der Himmelfahrtsszene bedeutet eigentlich, daß die Jünger Christi in diesem Augenblick fähig geworden sind, etwas sehr Bedeutsames zu beobachten, was sozusagen hinter den Kulissen der Erdenentwickelung vor sich geht.

Das, was sie gesehen haben, zeigte ihnen im Bilde diese Aussicht, die für die Menschen gekommen wäre, wenn das Ereignis von Golgatha nicht geschehen wäre. Es stand vor ihnen in geistiger Leibhaftigkeit, was geschehen wäre, wenn das Ereignis von Golgatha nicht dagewesen wäre. Da wäre dieses geschehen: Die Menschenleiber wären so irdisch verfallen geworden, daß die Zukunft der Menschheit gefährdet gewesen wäre. So wären die physischen Menschenleiber geworden. Und das Ätherische, das in dem Menschen ist, diese ätherischen Leiber, die wären ihrer Anziehungskraft gefolgt. Denn der Ätherleib ist eigentlich etwas, was fortwährend nicht nach der Erde strebt, sondern fortwährend hinauf nach der Sonne strebt. Wir sind ja als Menschen so konstituiert, daß unser physischer Leib Erdenschwere hat, unser ätherischer Leib Sonnenleichtigkeit hat. Der ätherische Leib will fortwährend nach der Sonne streben. Wenn nun der physische Menschenleib so geworden wäre, wie er hätte werden müssen ohne das Mysterium von Golgatha, dann wären eben die ätherischen Menschenleiber ihrem Drange gefolgt, nach der Sonne zu streben, und die Menschheit hätte auf der Erde als Erdenmenschheit dadurch natürlich aufgehört.

Die Sonne ist in dem Sinne, wie das hier öfter charakterisiert worden ist, der Wohnplatz des Christus bis zum Mysterium von Golgatha. Der ätherische Leib des Menschen strebt zu Christus hin, indem er sonnenwärts strebt. Und nun stellen Sie sich das Bild des Himmelfahrtstages vor: Der Christus erhebt sich vor den Seelenaugen seiner Jünger nach oben. Das heißt, es wird den Seelenaugen vorgezaubert, wie das Ätherische des Menschen, das aufwärtsstrebt, sich mit der Kraft, mit dem Impuls des Christus vereinigt, wie also der Mensch zur Zeit des Mysteriums von Golgatha vor der Gefahr stand, seinen ätherischen Leib wolkenwärts, gegen die Sonne hin ziehen zu sehen, wie aber der Christus das, was da sonnenwärts strebt, zusammenhält.

Dieses Bild muß man eben im richtigen Sinne verstehen. Dieses Bild ist eigentlich eine Warnung. Der Christus bleibt schon mit der Erde vereinigt, aber er gehört zu denjenigen Kräften im Menschen, die eigentlich sonnenwärts streben, die eigentlich fort wollen in aller Zukunft von der Erde. Der Christus-Impuls aber hält den Menschen auf der Erde fest.

In diesem Himmelfahrtsbilde erscheint also dasjenige vor dem Seelenauge der Jünger, was hätte werden sollen ohne das Mysterium von Golgatha. Stellen Sie sich vor, das Mysterium von Golgatha wäre nicht geschehen und eine Schar von Menschen wäre so hellsichtig geworden wie die Jünger in diesem Momente. Dann würden sie gesehen haben, wie von gewissen Menschen die Ätherleiber von der Erde weg zur Sonne hingehen, und sie hätten gewußt, diesen Weg nehmen die Ätherleiber. Dasjenige, was am Menschen ätherischirdisch ist, das wird zur Sonne entrückt.

Nun hat aber das Mysterium von Golgatha stattgefunden. Der Christus rettet für die Erde dieses Sonnenwärtsziehende. Und in diesem zur Sonne Hinstrebenden, aber von dem Christus Gehaltenen, erscheint gerade diese Tatsache, daß der Christus mit der Menschheit der Erde verbunden bleibt. Aber da liegt eines vor. Der Christus hat durch das Mysterium von Golgatha eigentlich ein kosmisches Ereignis in die Erdenentwickelung hineingestellt. Der Christus kam herunter aus geistigen Höhen, verband sich im Menschen Jesus von Nazareth mit der Menschheit, ging durch das Mysterium von Golgatha, hat seine Entwickelung mit der Erdenentwickelung vereint. Es war eine Tat, die für die ganze Menschheit geschehen ist.

Also fassen Sie das richtig auf: Für die Menschheit war das Mysterium von Golgatha geschehen. Der hellsichtige Blick muß sozusagen immer schauen, wie für die Menschheit die der Erde enteilen wollenden Ätherkräfte des Menschen sich mit dem Christus vereinigen, so daß der Christus sie bei der Erdenentwickelung halten kann. Das gilt für die Menschheit.

Aber bedenken Sie das Folgende. Nehmen wir einmal an, nur ein kleines Häuflein von Menschen hätte sich dazu verstanden, eine Erkenntnis von solchen Tatsachen sich zu erwerben, die mit dem Mysterium von Golgatha zusammenhängen, und dann gäbe es einen großen Teil der Menschheit, wie es tatsächlich eigentlich auch in Wirklichkeit der Fall ist, der nicht anerkennt die Bedeutung des Ereignisses von Golgatha. Wir würden also die Erde bevölkert haben mit einer kleinen Anzahl wirklicher Christus-Bekenner und mit einer großen Anzahl von solchen, die das Mysterium von Golgatha seinem Inhalte nach nicht anerkennen. Wie ist es denn mit denen? Wie verhalten sich diese Menschen, die das Mysterium von Golgatha nicht anerkennen, zu diesem Mysterium von Golgatha, oder besser gesagt, wie verhält sich das Mysterium von Golgatha, die Tat Christi, zu diesen Menschen? Nun, die Tat des Christus auf Golgatha ist eine objektive Tat, hängt in ihrer kosmischen Bedeutung nicht von dem ab, was die Menschen über sie glauben.

Eine objektive Tatsache ist in sich wesenhaft, so wie sie ist. Wenn ein Ofen warm ist, wird er nicht dadurch kalt, daß eine Anzahl von Leuten glaubt, er sei kalt. Das Mysterium von Golgatha ist eine Rettung der Menschheit vor dem Zerfall des physischen Leibes, gleichgültig, was die Menschen darüber glauben oder nicht glauben. Das Mysterium von Golgatha ist also geschehen für alle Menschen, auch für diejenigen, die nicht daran glauben. Das muß natürlich zunächst festgehalten werden.

Aber Sie haben wohl richtig verstanden: Dieses Mysterium von Golgatha ist ja geschehen, um dem physischen Menschenleib frische Kräfte zuzuführen, um also gewissermaßen die Menschheit der Erde zu erneuern, zu erfrischen bis zu dem Grade, bis zu dem es nötig ist, sie zu verjüngen. Das ist geschehen. Dadurch ist die Möglichkeit herbeigeführt, daß die Menschen auf Erden Leiber finden können, in denen sie sich auch für eine gewisse, noch sehr weitreichende Zukunft inkarnieren können. Aber damit gehen doch die Menschen nur zunächst als geistig-seelisches Wesen durch solche nun verjüngten Erdenleiber durch; sie können immer wieder erscheinen auf Erden. Der Christus-Impuls, der nun auch für das Geistige des Menschen seine Bedeutung haben soll, nicht für das Leibliche allein, er kann sich erstrecken auf den Wachzustand. Aber er könnte sich nicht auf den Schlafzustand erstrecken, wenn die Seele nicht die Erkenntnis dieses Christus-Impulses aufnehmen würde.

Also man möchte sagen: Das Mysterium von Golgatha wäre für die Wachzustände des Menschen geschehen, auch wenn die Menschen die Erkenntnis von diesem Mysterium von Golgatha nicht aufgenommen hätten. Es wäre aber dann nicht geschehen für den Schlafzustand des Menschen. Und dasjenige, was sich daraus hätte ergeben müssen, wäre das Folgende gewesen: Die Menschen würden sich zwar auf Erden immer wiederum inkarniert haben. Sie würden aber so geschlafen haben, daß sie in ihrem Geistig-Seelischen den Zusammenhang mit dem Christus verlieren müßten, wenn sie sich keine Erkenntnis des Mysteriums von Golgatha angeeignet hätten.

Hier haben Sie allerdings den Unterschied zu denjenigen Menschen, die sozusagen nichts wissen wollen von dem Mysterium von Golgatha. Für ihre Leiber, für die Möglichkeit ihres Erdenlebens hat der Christus sein Erdenwerk auf Golgatha getan. Er hat es auch für die ungläubigsten Heiden getan. Für das Geistig-Seelische ist aber notwendig, daß der Christus-Impuls sich auch in den Schlafzuständen in die Seele des Menschen senken kann. Dazu ist notwendig, daß der Mensch wissentlich sich bekennt zu dem Inhalte des Mysteriums von Golgatha. Die richtige geistige Wirkung vom Mysterium von Golgatha kann also nur hervorgehen aus der richtigen Anerkennung des Inhaltes des Mysteriums von Golgatha. Das heißt, das mußte für die Erdenmenschheit eintreten, daß auf der einen Seite erkannt wird: Den enteilenden, den immerfort nach der Sonne sich aufschwingenden Ätherleib hält der Christus; aber des Menschen seelisch-geistiges Wesen, sein Ich und sein astralischer Leib, die müssen den Christus-Impuls empfangen – indem sie sich durch das Bekenntnis dazu vorbereiten während des Wachens – in dem Zustande zwischen dem Einschlafen und Aufwachen.

So können wir sagen: Wir lassen das Himmelfahrtsbild vor unsere Seele treten. Die Jünger, hellsichtig geworden, sehen die Tendenz der ätherischen Leiber der Menschen, sonnenwärts zu steigen. Der Christus vereinigt sich mit diesem Streben, hält es. Das ist das gewaltige Bild: die Rettung des Physisch-Ätherischen des Menschen durch den Christus im Himmelfahrtsbilde.

Aber zu gleicher Zeit: Die Jünger ziehen sich zurück, sie werden nachdenklich, sie werden tief versonnen. Denn in ihrer Seele lebt die Erkenntnis: Durch das Mysterium von Golgatha ist zunächst für das Physisch-Ätherische der Menschheit alles geschehen. Was aber geschieht mit dem Geistig-Seelischen? Woher kommt dem Menschen die Kraft, in das Geistig-Seelische, in das Ich und den astralischen Leib den Christus-Impuls aufzunehmen?

Der Christus-Impuls hat sich durch das Mysterium von Golgatha auf der Erde so vollzogen, daß er nur durch geistige Erkenntniskräfte durchdrungen und erfaßt werden kann. Keine materialistische Erkenntniskraft, keine materialistische Wissenschaft kann das Mysterium von Golgatha verstehen. Da muß die Seele in sich die Kraft geistigen Erkennens, die Kraft geistigen Anschauens, die Kraft geistigen Empfindens aufnehmen, um den Christus-Impuls, wie er sich auf Golgatha mit den Erdenimpulsen vereinigt hat, auch verstehen zu können.

Daß das geschehen kann, dazu vollendete der Christus Jesus seine Tat auf Golgatha. Und er vollendete sie so, daß er zehn Tage nach dem Himmelfahrtsereignis den Menschen die Möglichkeit sandte, nun auch mit dem innerlich Geistig-Seelischen, mit dem Ich und dem astralischen Leibe, sich mit dem Christus-Impulse zu durchdringen. Das ist das Bild vom Pfingstfeste: das Durchdringen des Geistig-Seelischen mit der das Mysterium von Golgatha verstehenden Kraft, die Sendung des Heiligen Geistes. Der Christus hat seine Tat für die ganze Menschheit vollbracht. Dem einzelnen, der diese Tat verstehen soll, dem einzelnen menschlichen Individuum hat er den Geist gesandt, so daß das Seelisch-Geistige den Zugang zu der allgemeinen Menschheitstat findet. Durch den Geist muß der Mensch innerlich geistig-seelisch das Christus-Mysterium sich aneignen.

Es stehen die beiden Bilder hintereinander in der Entwickelungsgeschichte der Menschheit so da, daß uns das Himmelfahrtsbild sagt: Für den physischen und den ätherischen Leib ist das Ereignis von Golgatha allmenschlich vollzogen. Der einzelne Mensch muß es für sich fruchtbar machen, indem er den Heiligen Geist aufnimmt. Dadurch wird der Christus-Impuls für jeden einzelnen individuell.

Und jetzt können wir noch etwas hinzufügen zu der Charakteristik des Himmelfahrtsbildes. Solche geistige Anschauungen, wie sie die Jünger am Himmelfahrtstage hatten, beziehen sich eigentlich immer auf etwas, was der Mensch schon in dem einen oder andern Bewußtseinszustand erlebt. Nun wissen Sie: Nach dem Tode erlebt der Mensch den Fortgang seines ätherischen Leibes. Er legt mit dem Tode den physischen Leib ab. Einige Tage behält er seinen ätherischen Leib, dann löst sich der ätherische Leib auf; er vereinigt sich wirklich mit der Sonne. Diese Auflösung nach dem Tode ist Vereinigung mit dem Sonnenhaften, das den Raum, in dem sich auch die Erde befindet, durchströmt. In diesem sich vom Menschen entfernenden ätherischen Leibe schaut der Mensch seit dem Mysterium von Golgatha den Christus mit, der sein Retter geworden ist im künftigen Erdendasein; so daß eigentlich seit dem Mysterium von Golgatha jeder Mensch, der da stirbt, jenes Himmelfahrtsbild schon vor seiner Seele hat, das die Jünger durch ihren besonderen Seelenzustand an jenem Tage sahen.

Aber für denjenigen, der auch das Pfingstgeheimnis in sich aufnimmt, der den Heiligen Geist sich nahekommen läßt, für den ist dieses Bild nach dem Tode der größte Trost, den er haben kann, denn er durchschaut nun die ganze Wahrheit des Mysteriums von Golgatha, und das Bild wird für ihn zum Troste. Es sagt ihm gewissermaßen dieses Himmelfahrtsbild: Du kannst vertrauen mit allen deinen folgenden Erdenleben der Erdenentwickelung, denn der Christus ist durch das Mysterium von Golgatha der Retter der Erdenentwickelung geworden.

Für denjenigen, der mit seinem Ich und seinem astralischen Leibe, also erkennend, empfindend nicht durchdringt den Inhalt des Mysteriums von Golgatha, für den ist dieses Bild ein Vorwurf, so lange ein Vorwurf, bis er erkannt hat: auch er muß dieses Mysterium von Golgatha verstehen lernen. Es ist gewissermaßen eine Mahnung nach dem Tode: Versuche für das nächste Erdenleben solche Kräfte dir anzueignen, daß du das Mysterium von Golgatha auch verstehen kannst. Es ist nur natürlich, daß zunächst dieses Bild der Himmelfahrt eine Mahnung ist, denn die Menschen können ja in den folgenden Erdenleben eben versuchen, die Kräfte, an die sie gemahnt worden sind, anzuwenden und sich ein Verständnis des Mysteriums von Golgatha anzueignen.

Aber sehen Sie jetzt, wie der Unterschied ist zwischen denjenigen Menschen, die mit ihren innerlichen Glaubens-, Erkenntnis-, Empfindungskräften sich zu dem Mysterium von Golgatha bekennen, und denen, die sich nicht dazu bekennen. Das Mysterium von Golgatha ist eben nur für den physischen und den Ätherleib für alle Menschen dagewesen. Die Sendung des Geistes, das Pfingstgeheimnis besagt, wie das Seelische und Geistige des Menschen an den Früchten des

Mysteriums von Golgatha nur teilhaben können, wenn der Mensch sich aufschwingt zur wirklichen Anerkenntnis des Inhaltes des Mysteriums von Golgatha.

Damit aber ist zugleich gesagt – weil dieser Inhalt des Mysteriums von Golgatha nur begriffen werden kann in geistiger Erkenntnis, nicht in materieller Erkenntnis –, daß das richtige Pfingstfest nur verstanden werden kann, wenn die Menschen verstehen, daß die Aussendung des Geistes die Forderung an die Menschheit ist, sich zur Geist-Erkenntnis allmählich durchzuarbeiten. Denn nur durch Geist-Erkenntnis kann das Mysterium von Golgatha verstanden werden.

Daß es verstanden werden soll, das ist die Forderung des Pfingstgeheimnisses. Daß es für alle Menschen geschehen ist, das ist die Offenbarung des Himmelfahrtsgeheimnisses. Diese zwei Dinge stehen in der christlich interpretierten Menschheitsentwickelung hintereinander: die Himmelfahrtsoffenbarung, daß der Christus seine Tat als eine allmenschliche vollbracht hat; das Pfingstgeheimnis als eine Forderung an den Menschen, als einzelner den Impuls des Mysteriums von Golgatha in sich aufzunehmen.

So kann man wohl sagen, daß Anthroposophie in bezug auf diese Dinge darin besteht, das rechte Verständnis zu gewinnen für das Pfingstgeheimnis in seinem Anschlusse an die Himmelfahrtsoffenbarung. Und wenn wir empfinden: Anthroposophie steht da wie eine Art erklärender Herold gerade für diese Frühlingsfeste, dann haben wir zu den Farben, die Anthroposophie für uns hat, eben wieder eine, die ihr notwendig ist, hinzugefügt.

Das soll Ihnen etwas von dem sagen, was anthroposophisch eine Stimmung abgeben kann für das richtige Fühlen des Himmelfahrts- und Pfingstfestes. Die Bilder, die mit solchen Festen sich vor die Seele des Menschen hinstellen, sind wie Lebewesen. Wir können immer mehr ihrem Inhalte nahekommen, wir können sie immer besser und besser kennenlernen. Wenn die Menschen sich wieder aufschwingen dazu, das Jahr zu erfüllen mit solchem geistigem Verständnis der Festeszeiten, dann wird dieses Jahr einen konkreten, damit aber einen kosmisch-spirituellen Inhalt bekommen. Und der Mensch wird schon in dem Erdendasein das kosmische Dasein miterleben lernen.

Man möchte sagen: Wenn das Pfingstfest, das vor allen Dingen auch ein Fest der Blumen ist, in der richtigen Weise erfühlt ist, da geht der Mensch überall hinaus, wo die Blumen sprießen, die sich öffnen unter der Einwirkung des Sonnenhaften, sich öffnen unter dem Ätherisch-Astralischen – und der Mensch empfindet in der sich beblumenden Erde das irdische Abbild desjenigen, was sich dann zusammendrängt in dem Himmelfahrtsbilde des Christus, in dem sich anschließenden Bilde der feurigen Zungen über den Häuptern der Jünger. Die sich öffnende Menschenbrust mag auch symbolisiert sein in der sich der Sonne öffnenden Blume. Und dasjenige, was von der Sonne herunterkommt, um der Blume die nötige Fruchtkraft zu geben, das mag symbolisieren die feurigen Zungen, die sich niedergießen über die Häupter der Jünger.

Mit dieser Kraft, die wiederum herrühren kann von dem Verständnis von Festestagen, der richtigen Betrachtung jeder Festeszeit, kann gerade Anthroposophie auf Menschenherzen wirken, kann beitragen zu jener Stimmung, die vielleicht die richtige Stimmung in diesen Tagen der Frühlingsfeste sein dürfte.

HINWEISE

Werke Rudolf Steiners innerhalb der Gesamtausgabe (GA) werden in den Hinweisen mit der Bibliographie-Nummer angegeben. Siehe auch die Übersicht am Schluß der Ausgabe.

Vortrag Dornach, Ostersonntag, 27. März 1921: In «Die Verantwortung des Menschen für die Weltentwickelung durch seinen geistigen Zusammenhang mit dem Erdplaneten und der Sternenwelt» (18 Vorträge, Stuttgart, Dornach und Den Haag 1921), GA 203.

Vortrag Dornach, 7. Mai 1923: Erschienen in «Die menschliche Seele in ihrem Zusammenhang mit göttlich-geistigen Individualitäten. Die Verinnerlichung der Jahresfeste» (11 Vorträge, Bern, Dornach, Prag, Stuttgart und Berlin 1923), GA 224.

Zu Seite:

10 *wie sie Paulus spricht:* 1. Kor. 15,14.

die Worte des Evangeliums: Matth. 28,5–6; Markus 16,6; Lukas 24,5–6.

11 *das Christentum Staatsreligion:* Im Jahre 324 durch Kaiser Konstantin I.

Julian Apostata, römischer Kaiser 361–363 v. Chr. – Vgl. Rudolf Steiner: «Bausteine zu einer Erkenntnis des Mysteriums von Golgatha. Kosmische und menschliche Metamorphose» (17 Vorträge, Berlin 1917), GA 175, Vortrag vom 19. April 1917.

12 *Konzil in Konstantinopel:* Vgl. hierzu z. B. Otto Willmann: «Geschichte des Idealismus», 3 Bände, Braunschweig 1894–97: Bd. 2, 1896, § 54, S. 111.

14 *der Sohn gehöre überhaupt nicht:* Siehe hierzu u. a. Adolf Harnack (1851–1930) in: «Das Wesen des Christentums. Sechzehn Vorlesungen vor Studierenden aller Fakultäten im Wintersemester 1899/1900 an der Universität Berlin», 4. Aufl. 1901, 8. Vorlesung, S. 91, wörtlich: «Es ist keine Paradoxie und wiederum auch nicht ‹Rationalismus›, sondern der einfache Ausdruck des Tatbestandes, wie er in den Evangelien vorliegt: *Nicht der Sohn, sondern allein der Vater gehört in das Evangelium, wie es Jesus verkündigt hat,* herein.»

15 *in dem paulinischen Wort:* 1. Kor. 15,14.

17 *Goethe hat es ja oft genug zum Ausdruck gebracht:* Zum Beispiel in «Wilhelm Meisters Wanderjahre», 2. Buch, 2. Kapitel.

22 Vortrag vom 7. Mai 1923: Der hier fehlende Schluß, in dem es um eine gesellschaftsinterne Sache ging, findet sich im Band «Der Weg zur Bildung der Allgemeinen Anthroposophischen Gesellschaft im Jahre 1923», GA 259.

Nun möchte ich heute gerade zwei Bilder . . . vor Ihre Seele stellen: Apostel-Gesch. 1,4–14 und 2,1–13.

23 *«Die Geheimwissenschaft im Umriß»* (1910), GA 13.

25 *Eduard Sueß,* 1831–1914, Professor der Geologie in Wien, Präsident der Wiener Akademie der Wissenschaften. – «Das Antlitz der Erde», 3 Bände, Prag, Wien und Leipzig 1885–1909.

26 *«Von Jesus zu Christus»* (10 Vorträge, Karlsruhe 1911), GA 131.

ÜBER DIE VORTRAGSNACHSCHRIFTEN

Aus Rudolf Steiners Autobiographie
«Mein Lebensgang» (35. Kap., 1925)

Es liegen nun aus meinem anthroposophischen Wirken zwei Ergebnisse vor; erstens meine vor aller Welt veröffentlichten Bücher, zweitens eine große Reihe von Kursen, die zunächst als Privatdruck gedacht und verkäuflich nur an Mitglieder der Theosophischen (später Anthroposophischen) Gesellschaft sein sollten. Es waren dies Nachschriften, die bei den Vorträgen mehr oder weniger gut gemacht worden sind und die – wegen mangelnder Zeit – nicht von mir korrigiert werden konnten. Mir wäre es am liebsten gewesen, wenn mündlich gesprochenes Wort mündlich gesprochenes Wort geblieben wäre. Aber die Mitglieder wollten den Privatdruck der Kurse. Und so kam er zustande. Hätte ich Zeit gehabt, die Dinge zu korrigieren, so hätte vom Anfange an die Einschränkung «Nur für Mitglieder» nicht zu bestehen gebraucht. Jetzt ist sie seit mehr als einem Jahre ja fallen gelassen.

Hier in meinem «Lebensgang» ist notwendig, vor allem zu sagen, wie sich die beiden: meine veröffentlichten Bücher und diese Privatdrucke in das einfügen, was ich als Anthroposophie ausarbeitete.

Wer mein eigenes inneres Ringen und Arbeiten für das Hinstellen der Anthroposophie vor das Bewußtsein der gegenwärtigen Zeit verfolgen will, der muß das an Hand der allgemein veröffentlichten Schriften tun. In ihnen setzte ich mich auch mit alle dem auseinander, was an Erkenntnisstreben in der Zeit vorhanden ist. Da ist gegeben, was sich mir in «geistigem Schauen» immer mehr gestaltete, was zum Gebäude der Anthroposophie – allerdings in vieler Hinsicht in unvollkommener Art – wurde.

Neben diese Forderung, die «Anthroposophie» aufzubauen und dabei nur dem zu dienen, was sich ergab, wenn man Mitteilungen aus der Geist-Welt der allgemeinen Bildungswelt von heute zu übergeben hat, trat nun aber die andere, auch dem voll entgegenzukommen, was aus der Mitgliedschaft heraus als Seelenbedürfnis, als Geistessehnsucht sich offenbarte.

Da war vor allem eine starke Neigung vorhanden, die Evangelien und den Schrift-Inhalt der Bibel überhaupt in dem Lichte dargestellt zu hören, das sich als das anthroposophische ergeben hatte. Man wollte in Kursen über diese der Menschheit gegebenen Offenbarungen hören.

Indem interne Vortragskurse im Sinne dieser Forderung gehalten wurden, kam dazu noch ein anderes. Bei diesen Vorträgen waren nur Mitglieder. Sie waren mit den Anfangs-Mitteilungen aus Anthroposophie bekannt. Man konnte zu ihnen eben so sprechen, wie zu Vorgeschrittenen auf dem Gebiete der Anthroposophie. Die Haltung dieser internen Vorträge war eine solche, wie sie eben in Schriften nicht sein konnte, die ganz für die Öffentlichkeit bestimmt waren.

Ich durfte in internen Kreisen in einer Art über Dinge sprechen, die ich für die öffentliche Darstellung, wenn sie für sie von Anfang an bestimmt gewesen wären, hätte anders gestalten *müssen.*

So liegt in der Zweiheit, den öffentlichen und den privaten Schriften, in der Tat etwas vor, das aus zwei verschiedenen Untergründen stammt. Die ganz öffentlichen Schriften sind das Ergebnis dessen, was in mir rang und arbeitete; in den Privatdrucken ringt und arbeitet die Gesellschaft mit. Ich höre auf diese Schwingungen im Seelenleben der Mitgliedschaft, und in meinem lebendigen Drinnenleben in dem, was ich da höre, entsteht die Haltung der Vorträge.

Es ist nirgends auch nur in geringstem Maße etwas gesagt, was nicht reinstes Ergebnis der sich aufbauenden Anthroposophie wäre. Von irgend einer Konzession an Vorurteile oder Voremphindungen der Mitgliedschaft kann nicht die Rede sein. Wer diese Privatdrucke liest, kann sie im vollsten Sinne eben als das nehmen, was Anthroposophie zu sagen hat. Deshalb konnte ja auch ohne Bedenken, als die Anklagen nach dieser Richtung zu drängend wurden, von der Einrichtung abgegangen werden, diese Drucke nur im Kreise der Mitgliedschaft zu verbreiten. Es wird eben nur hingenommen werden müssen, daß in den von mir nicht nachgesehenen Vorlagen sich Fehlerhaftes findet.

Ein Urteil über den Inhalt eines solchen Privatdruckes wird ja allerdings nur demjenigen zugestanden werden können, der kennt, was als Urteils-Voraussetzung angenommen wird. Und das ist für die allermeisten dieser Drucke *mindestens* die anthroposophische Erkenntnis des Menschen, des Kosmos, insofern sein Wesen in der Anthroposophie dargestellt wird, und dessen, was als «anthroposophische Geschichte» in den Mitteilungen aus der Geist-Welt sich findet.

RUDOLF STEINER GESAMTAUSGABE

Gliederung nach: Rudolf Steiner – Das literarische
und künstlerische Werk. Eine bibliographische Übersicht
(Bibliographie-Nrn. *kursiv* in Klammern)

A. SCHRIFTEN

1. Werke

Goethes Naturwissenschaftliche Schriften, eingeleitet und kommentiert von R. Steiner, 5 Bände, 1883/97, Neuausg. 1975, *(1a-e)*; separate Ausg. der Einleitungen, 1925 *(1)*
Grundlinien einer Erkenntnistheorie der Goetheschen Weltanschauung, 1886 *(2)*
Wahrheit und Wissenschaft, Vorspiel einer «Philosophie der Freiheit», 1892 *(3)*
Die Philosophie der Freiheit. Grundzüge einer modernen Weltanschauung, 1894 *(4)*
Friedrich Nietzsche, ein Kämpfer gegen seine Zeit, 1895 *(5)*
Goethes Weltanschauung, 1897 (6)
Die Mystik im Aufgange des neuzeitlichen Geisteslebens und ihr Verhältnis zur modernen Weltanschauung, 1901 *(7)*
Das Christentum als mystische Tatsache und die Mysterien des Altertums, 1902 *(8)*
Theosophie. Einführung in übersinnliche Welterkenntnis und Menschenbestimmung, 1904 *(9)*
Wie erlangt man Erkenntnisse der höheren Welten? 1904/05 *(10)*
Aus der Akasha-Chronik, 1904/08 *(11)*
Die Stufen der höheren Erkenntnis, 1905/08 *(12)*
Die Geheimwissenschaft im Umriß, 1910 *(13)*
Vier Mysteriendramen: Die Pforte der Einweihung – Die Prüfung der Seele Der Hüter der Schwelle – Der Seelen Erwachen, 1910/13 *(14)*
Die geistige Führung des Menschen und der Menschheit, 1911 *(15)*
Anthroposophischer Seelenkalender, 1912 *(in 40)*
Ein Weg zur Selbsterkenntnis des Menschen, 1912 *(16)*
Die Schwelle der geistigen Welt, 1913 *(17)*
Die Rätsel der Philosophie in ihrer Geschichte als Umriß dargestellt, 1914 *(18)*
Vom Menschenrätsel, 1916 *(20)*
Von Seelenrätseln, 1917 *(21)*
Goethes Geistesart in ihrer Offenbarung durch seinen Faust und durch das Märchen von der Schlange und der Lilie, 1918 *(22)*
Die Kernpunkte der sozialen Frage in den Lebensnotwendigkeiten der Gegenwart und Zukunft, 1919 *(23)*
Aufsätze über die Dreigliederung des sozialen Organismus und zur
Zeitlage 1915-1921 *(24)*
Kosmologie, Religion und Philosophie, 1922 *(25)*
Anthroposophische Leitsätze, 1924/25 *(26)*
Grundlegendes für eine Erweiterung der Heilkunst nach geisteswissenschaftlichen Erkenntnissen, 1925. Von Dr. R. Steiner und Dr. I. Wegmann *(27)*
Mein Lebensgang, 1923/25 *(28)*

II. Gesammelte Aufsätze

Aufsätze zur Dramaturgie 1889-1901 *(29)* – Methodische Grundlagen der Anthroposophie 1884-1901 *(30)* – Aufsätze zur Kultur- und Zeitgeschichte 1887-1901 *(31)* – Aufsätze zur Literatur 1886-1902 *(32)* – Biographien und biographische Skizzen 1894-1905 *(33)* – Aufsätze aus «Lucifer-Gnosis» 1903-1908 *(34)* – Philosophie und Anthroposophie 1904-1918 *(35)* – Aufsätze aus «Das Goetheanum» 1921-1925 *(36)*

III. Veröffentlichungen aus dem Nachlaß

Briefe – Wahrspruchworte – Bühnenbearbeitungen – Entwürfe zu den Vier Mysteriendramen 1910-1913 – Anthroposophie. Ein Fragment aus dem Jahre 1910 – Gesammelte Skizzen und Fragmente – Aus Notizbüchern und -blättern – *(38-47)*

B. DAS VORTRAGSWERK

I. Öffentliche Vorträge

Die Berliner öffentlichen Vortragsreihen, 1903/04 bis 1917/18 *(51-67)* – Öffentliche Vorträge, Vortragsreihen und Hochschulkurse an anderen Orten Europas 1906-1924 *(68-84)*

II. Vorträge vor Mitgliedern der Anthroposophischen Gesellschaft

Vorträge und Vortragszyklen allgemein-anthroposophischen Inhalts – Christologie und Evangelien-Betrachtungen – Geisteswissenschaftliche Menschenkunde – Kosmische und menschliche Geschichte – Die geistigen Hintergründe der sozialen Frage – Der Mensch in seinem Zusammenhang mit dem Kosmos – Karma-Betrachtungen – *(91-244)*

Vorträge und Schriften zur Geschichte der anthroposophischen Bewegung und der Anthroposophischen Gesellschaft *(251-263)*

III. Vorträge und Kurse zu einzelnen Lebensgebieten

Vorträge über Kunst: Allgemein-Künstlerisches – Eurythmie – Sprachgestaltung und Dramatische Kunst – Musik – Bildende Künste – Kunstgeschichte – *(271-292)* Vorträge über Erziehung *(293-311)* – Vorträge über Medizin *(312-319)* – Vorträge über Naturwissenschaft *(320-327)* – Vorträge über das soziale Leben und die Dreigliederung des sozialen Organismus *(328-341)* – Vorträge für die Arbeiter am Goetheanumbau *(347-354)*

C. DAS KÜNSTLERISCHE WERK

Originalgetreue Wiedergaben von malerischen und graphischen Entwürfen und Skizzen Rudolf Steiners in Kunstmappen oder als Einzelblätter: Entwürfe für die Malerei des Ersten Goetheanum – Schulungsskizzen für Maler – Programmbilder für Eurythmie-Aufführungen – Eurythmieformen – Skizzen zu den Eurythmiefiguren, u. a.

Die Bände der Rudolf Steiner Gesamtausgabe
sind innerhalb einzelner Gruppen einheitlich ausgestattet
Jeder Band ist einzeln erhältlich